Versöhnung, Gesänge und Psalmen

Oskar Schürer

Alpha Editions

This edition published in 2022

ISBN : 9789356781054

Design and Setting By
Alpha Editions
www.alphaedis.com
Email - info@alphaedis.com

Contents

Armes Wort .... - 1 -

Winterritt mit weißen Hunden .... - 2 -

Nacht im Februar 1917 .... - 3 -

Märzpsalm .... - 4 -

Seht, wie Tod bereite Schale hebt .... - 6 -

Einer doch wandelt ... . - 7 -

Ein Menschentag .... - 8 -

Flucht und Zuflucht .... - 12 -

Nacht .... - 15 -

Frühling Eine Trilogie .... - 16 -

I. Elegie .... - 16 -

II. Bacchanale .... - 17 -

III. Ode .... - 18 -

Orphischer Psalm .... - 20 -

Gotischer Psalm .... - 23 -

Armes Wort

So steig ich wieder auf, heimlich erhobene Schale!
Schon schüttet ewiger Sinn sich in mich schwer.
Wird mich nicht überreicher Drang zermahlen?
Gesang quält wieder auf und bettelt sehr.
Doch immer spür ich Scheu, hinaufzublicken:
Geahnter! Du wirst Wert und Wort der Stunde knicken.

Sieh, meine Hände sich wie Ringer keuchend um dich falten!
Wie halten — o wie retten dich in mein Erkalten?
Du lädst dich in mein armes Schaun, wie schwank ich wild!
Berührten, die ich pflückte, Erdenharmonien dein ewig Bild?
So schlürft ich nie, Verzehrender! so ward ich nie verschleudert!
Hinrasend Meer! Aufblühe, Mensch! noch Tierblick sich ins Ahnen läutert!

O lösch mich aus, Gewalt! so trüb dort unten spült der Tag.
Schmilzt hin vor dir und höhnt, der so an deinem Busen lag.
Schon gleit ich nieder. Täler brüllen auf, da ich sie fülle
in Drang und Trotz. Sie werden über mir zusammenschlagen.
Ein Schluchzen nur in armer Hand werd ich in meine Hütte tragen,
Ein Schluchzen, drin ich mich in lauter Scham verhülle.

Doch immer hart getürmt auf mein Verzagen ragt Gebot:
„Ich hab mich dir gezeigt. Du wieder sollst mich zeigen!
Ich bin der Sinn und Form ist meine Not."
Dann werde ich mich neigen, großer Rufer! tiefer neigen.
Dein Bild zu wagen, taste ich nach Körnern warmer Erde:
Ach wie ich greife, wird es Asche werden.

Winterritt mit weißen Hunden

Weicher Hufschlag kost die weißen Flächen,
lichtumspülte Berge wandern mit.
Selig Jagen, daß die Fernen brechen,
wilde Nähe dampft von meinem Ritt.

Schneegewölke stiebt um unsre Lenden,
Sonne schauert auf in weißem Gischt.
Meine Hunde schießen vor und wenden,
Wellenlust, die sich dem Schäumen mischt.

Froh umbellt und königlich getragen,
Gold blitzt auf dem wildgeworfnen Huf.
Bläh' die Nüstern, Brauner! Friß dein Jagen,
spür auch du den Drang, der dich erschuf.

Tag schreit auf und selig kreist die Sonne,
trunkner Bräutigam umkniet die Braut.
Ich bin Tag und Hund und Pferd und bin die Wonne,
die in Taumeln ihren Gott erschaut.

Nacht im Februar 1917

So ritt ich durch die armen Fetzen Ewigkeit.
In stummem Zwange lag die Nacht geknebelt
und lohte hungernd, wie ein ausgeweintes Leben
nach einem Schmerzensschrei, der sie erlöste.

Erbarmungsloses Mondlicht drängte alle Sterne
in freudenlose Firmamente roh hinauf,
mit kalten Hieben warf es unsre Erde
— das weiße Schneeland, das um Sonne trauert —
wie einen Toten in den fahlen Grund.

Gespenstisch fror das kalte Dämmern auf dem Leichnam,
den ich mit grauem Schauder überritt.

Aus ihrer Schattenbläue sprangen dunkle Bäume
wie rasende Fontänen schwarzen Blutes auf,
im lodernden Geäste sich verspritzend.
Rauchende Dolden tobten wild ins Graun.

Und harter Mondschein starrte alle Brunnen Blutes,
und fror gespenstisch auf der Leiche Welt,
in die mein Pferd die scharfen Hufe bohrte.

Solang ich ritt, umgraute mich der Leichnam
und Wunden sprangen blutend, wo ich ritt.
Da half mir niemand solche Wehschau zu ertragen.

Du arme Welt, wer hat dich so geschlagen?
O Menschenerde, wie du dich verklagst!
Ich schrei den Bußeruf, den du nicht wagst.

Märzpsalm

Erbarmender! daß ich hier liege
niedergeworfen in deine keimenden Schollen!
Höre mein Schrein!
Wer warf uns in solche Geschicke?
Raserei über uns! ewig urfremdes Sterben!
Sterben in Frühen und Abend und duldenden Nächten.
Leben uns ausspie;
in Erden müssen wir kauern, ach! hassen die dumpfen Tage!
Immer geduckt unter drohenden Fäusten,
brechendem Hohn.
O wer hat uns so unterjocht?

Empörung lauert in allen tödlichen Schlachten,
da aus der Not sich erkannte
Opfer und Mord.
Wohin, ihr Alten, stelltet ihr eure Söhne,
daß sie euch hassen müssen
jungguten Erkennens!
Denn euer Tun müssen wir büßen —
Was fehlten wir?
Euern verirrten Begierden
was bluten wir noch?

Säulen von Vätern lasten
schwer auf uns.
Wir wollen sie vertoben,
verspritzen,
in Tage baun, uns zu erfüllen!
Es wartet ein Tun in den Welten: ich möchte es wagen!
Es jagt ein rotheißes Geblüt in den Adern der Erde:
ich möchte es küssen!
Geschöpf sein und leben!

Ging ich, mein Vater, nicht,
ein Schwankender,
unter den Lasten deiner Gesichte!
Lagerten sich nicht schwer
auf meine Tage
all deiner Schöpfungen blitzende Momente
Schicht um Schicht!
Daß auferstand aus Gebirgen Fühlens,

— zu reifen in unendlichen Jubel —
Gütiger, dein Bild!
dein Lächeln, mein Vater!

Jetzt schütten aus grausamen Stunden
Aschen nieder die Tage
und tiefer immer versinkt mir
dein erhabenes Gesicht.
Halte mich, Vater!
O, dich zu halten aus dem schwingenden Lachen der Stürme
sandtest du diesen Tag!
Sandtest Geläute der Himmel,
daß ich dich greife,
aus den verzückenden Sonnen dich, Rufender, zwinge
in mein empörendes, in mein
demütiges Lied.

Seht, wie Tod bereite Schale hebt

Immer glüht der Tod um unsre Glieder.
Schaut sein Flammen armen Leib umlohn!
Tage schmelzen uns und Stunden nieder.
Schon auf toten Vätern schreit der Sohn.

Alles Tun rinnt ab von unserm Wollen.
Seht, wie Tod bereite Schale hebt!
Alles Schlürfen ist Verrat am Vollen!
In sein Sterben reift, was immer lebt.

Wessen Schwur sich reißt vom Mutterschoße,
sinkt schon hin in tödlicher Magie,
brennt sich ab nach dem erzwungnen Lose,
bis ihn letzte Stufe niederzieh.

Wort, das in das große Lauschen hallte,
schlägt sich ein in Wellenmeer und stirbt.
Tod ist Freundschaft, die hinüberwallte.
Liebesblick, erloschner, nie mehr wirbt.

Schritt, den ich getan, ist Raub des Todes,
da ihn furchtbar großer Raum verschlingt.
Liebes Gestern, grausam hin verloht es.
Melodie ins Nichtmehrsein verklingt.

Wir sind Wälder nur dem Tod zu pflücken
— Sonne winkt vergeblich blau und rot —
Tropfen nur, die sich im Fall verzücken.
Schwankend unten füllt sich Schale Tod.

Einer doch wandelt ...

Einer doch wandelt
unter allen Menschen
und noch einer wohl,
der trägt und trachtet
Leid und Last seiner Welt.
Hat sein Erbarmen gestachelt ein voriges Schicksal,
Blutet er unterm Erinnern des lächelnden Gotts?
Plötzlicher Schreck dolcht sein Lachen und trinken nimmer in Frieden
kann er der gütenden Nächte Beruhigung,
denn ewig rafft ihn der Schrei:
Grausames Mißtun der Erde!
Notverkrampfte Arme zucken nach Sonnen hin
und Mutterhände, fiebernd gefaltete, würgen sein Träumen.
Heiß überm Lärmen umgellt ihn die Klage der Väter,
wenn sie am Abend gehn, siech um den Märtyrer Sohn.
So wandelt der eine durch schreiende Tage und Länder.
Tief in sein Aug ist gekerbt alles Leiden der Welt.
Frierender Kinder und stinkender muß er erbarmen.
Hunger der Vielen durchschüttelt ihn und noch der Huren
anklagend Geheul reißt sein teilendes Herz in Zerrüttung.
Silbernes Lachen der Mädchen kann ihn nicht trösten.
Jubellust Gieriger stampft unter Füße sein blutendes Menschsein.
Wild aus Erinnern und Vorschaun auftobt ihm Verzweiflung.
Dann wird er Mensch sein!
Aufstemmt ihn rasende Lust
zu tragen, zu leiden,
der Tiefste zu tauchen in ausgeschüttete Qualen der Welt.
Nottrank der Nächte schlürft er, bitteren Balsam dem Wunden der Tage.
O, Phalangen Schwerterglut pflückt er mit selig erwachender Brust!
Aus Krämpfen und Krümmung der schreienden Glieder dann
— Tobe du Seliger —
Aufblüht sein siegender Tanz.

Ein Menschentag
I.

Frühe spaltet die Mauer, die Mauer Nacht.
Flammender Riß in der Ewigkeit: Tag erwacht.
Nachttiefen schleudern schon schwanke blaugoldne Gefilde
an meine rasenden Fenster. Dämongebilde.
Höhlen und Hallen aufdämmern, draus donnert ein Urgesang.
Schaukelnde Wände noch stauen den schütternden Morgendrang.

Ewigkeit schäumt über Deine Erden und Welten,
Schöpfer Du, trunkene Deines erhabenen Gesichts,
nun die geschäftigen Menschen in Hütten und Zelten
verkrochen noch harren des deutenden flachenden Lichts.
Teile mit mir, Deinem Einsamen, göttliche Stunde!
Jauchzenden Urbeginn pflück ich aus Deinem Munde.

Einziger Quell ich im Weiten! Jetzt finde ich rauschenden Chor
in Deiner stummen Geschöpfe ewigem Hymnen.
Erdschollen schwer aus der Finsternis rollen hervor,
Wälder schon gischtend im Morgenschaum jubelnd erglimmen.
Türme, ein königlich Bruderpaar, stürmen herein,
Edelwild, kühn aus den Träumen von schlafenden Städten.
Flammenden Himmel sie tragen auf goldnen Geweihn
zum Strome und huldigend beugen sich Hügelketten.

Rasender Schnellzug! Mein zischender Pfeil durch die Nacht,
splitterst du? Schmilzst an des Morgens glühenden Rändern?
Schreit ein Getöse auf. Plötzlich ein Ungetüm lacht,
reißt alle Sichten zu tanzenden jagenden Bändern.
Hetzt alle Bilder gegen mich an, fordert Gestalt.
Werdenden Tages Begehren aus blauer Frühe!
Alles Lebendige hat sich in mich verkrallt,
fordert Leben und Sinn. O marternde Mühe!

Taumel der Schöpfung in mir! Fieber des Werdens!
Schädel ist nicht mehr Schädel! durchrissene Schau.
Lauschend zerstiebt mein Gehirn, zertümmelt von wütenden Herden,
brandende Morgennot taumelt um neues Vertraun.
Schlürfe ich — werd ich geschlürft von rasenden Schwingen?
Stürzendes Einfallstor unausgedachtem Verlauf!
Ungeheueres, werdender Tag, wirst Du bringen!
Läutet, ihr Berge, aufdampfende Meere! Menschen, wacht auf!

II.

Hoher Tag schwingt in Kristallen auf mich zu.
Reife Stunde ruft: o du! o du!
An mir vorüber wild jagen
Bilder aus vorigen Tagen.
Gebirge vor mir her
Mein Wünschen rast.
Doch über allem donnerschwer
wuchtet Gesang dieses Tags:
Mensch, o daß du dem Rhythmus der Welten genast,
ertrag's! Ertrag's!

Stunde ist geladen mit brechender Magie:
Rühr mich nicht an!
Aufspritzender See seine Wogen spie,
Sphären saugen wie Vampyrn sich an.
Schicksale schreien wild sich entgegen,
Fernen sich aufgetan regen
von unerhörten Tumulten des werbenden Tags.
Geheimnis aller Symbole stob hin
entsetzt solchen Taumeln. Gedanke, Gedanke muß fliehn.
Ertrag's! Ertrag's!

Jetzt press' ich nackte Welt an nackte Brust.
O rasender Pulse Ineinanderhämmern.
Wirf einen Haß, eine Liebe, Raserei in diese Brust,
mich in die Endlichkeiten einzudämmern!
Wie trag ich solches? Furchtbar schwillt mein Tanz,
Kampf mit Unendlichem, den ich wage!
Götter, herunter zerr ich euern Kranz.
Ich Träger des Lebens!
des Heute und seiner ewigen Lust!
Mein ist der Tag!

III.

Von unermessenen Küsten,
Ozean,
schütte dich nieder!
O, daß dein Wogengetürme
sternenauf wüchse
furchtbaren Falls dich zu schleudern

Wider die Erde,
wider unseligsten Stern!

Schlürfe doch, o schlürfe meinen brüllenden Stein!
Was hält er mich noch?
Stemmt ihn mein lastender Fuß
in solches Trotzen?
Raub ihn! Verschlinge ihn!
Siehe, ich stoß ihn dir zu!
Du Gewaltiger, den ich doch höhne,
du zauderst?
Lock ich noch immer nicht deine tobende Rache?
Ha, du verschmähst mich,
den Winzigen,
verächtlichen Gaukler!

So stürz nieder, Sonne,
lügendes Gestirn,
polternd schon bricht ja dein Taggesäul,
das du verraten.
Nieder stürz, anderen Welten
flamme den heuchelnden Glanz!
Andere Welten
locke zu Tanzen und Singen,
locke zum Preise des Gottes
tückische Täuschung.

Uns ward der Glanz trüb.
Uns warf sein tödlich Gepränge
der Sternentag hin,
da wir nun wissen,
daß nur zu ruchlosen Freveln sich
Todreigen schlinge,
daß sich Geschöpftes zerrase
in ewigem Kampf.

Teilsein ist Menschenlos.
Weinend um seine Begierden mengt sich die Zwei.
Du aber lächelst uns
einstens und immer
Güte und einendes Sein.

Verhülle dich, Erde!

Verhüll deine ewige Täuschung, du Ungeheuer!
Dem stürzenden Meere zum Fraß
wirf deine Sonne hin!
Zerschmetter' dich endlich am Hohn deines Nichts.
O, vergehe in Dunkel und laß uns
mit dir vergehn!

IV.

Daß solches Nachten wieder auf uns taut
und warme Sterne müden Scheitel netzen!
So darfst du dich am hohen Sinne letzen,
dem sich dein Leben wieder anvertraut.

Bis endlich sich dein voller Tag erbaut.
O Drang der Frühe, Taglust und Entsetzen
des Abends mußten in dich stürzen — Fetzen
des schweren Segels, das sich rauschend staut

in diesen ewigen Hauch. Jetzt spann dich weit,
zu saugen aus dem All, was dich begüte.
Quellender Blutmast Mensch, sollst Träger sein!

Du Schiffer zwischen Horizonten Ewigkeit!
Toter und Ungeborener flüchtige Blüte,
schöpf' aus der Nacht Gedulden und Gedeihn.

Flucht und Zuflucht

I.

Mein Vater, wandeln Deine Sterne nimmer?
So müder Himmel meine Schulter drückt,
ach, hämmert solch Geschrei aus meinem Wimmern:
Wer hat mich frech aus Deiner Hand gepflückt?
Brautgarten, drin Dein Lächeln mich umkoste,
mir blaue Stürme kündeten Dein Nahn,
was läßt Du mich verwelken, Deine Blüte?
Dein Schwert, das Dich aus allen Steinen sprühte,
zürnend der Scharten, hast Du's abgetan?
Im armen Winkel läßt Du es verrosten.

Wie starb ich von Dir ab? o müdes Sinken,
kaum such ich mehr nach Brücken oder Weg
und trage doppelt Sterben, nun Dein Winken
aus vorigen Tagen dunkelt im Geheg.
Als Du ein Ahnen, dem ich mich vertraut,
zu Domen über meinem Tag erbaut!
Ich Meer, gestürzt in bodenlose Tiefe!
Aufschossen Ufer, Feld, ragende Wand,
dran Wellenträume fetzen, die Dich riefen.
Jetzt bin ich hohler Sumpf und Modersand.

Nur manchmal bröckelt Sturm in meine Nächte.
Dann schreck ich auf, von Himmeln ganz erdrückt,
und grabe müder armem Tag die Schächte,
der mich von Deinem Flammenstrauch geknickt.
O, ward ich überwachsen von den Bäumen,
die ich, versuchend frech Dein hohes Dulden,
in Deine Gunst zu pflanzen mich getraut!
O durft ich mich an Ding und Ding versäumen,
an lautem Tun mich lästernd so verschulden,
da noch aus Dickichten Dein Strahl mir taut!

II.

Schau her, mein Vater, wie ich mich zerbreche.
Mein arges Tun, ich schlepp es keuchend her,
hier steht er nackt, des Gottes trunkner Zecher!
Ach, seine Schalen sind von Dir so leer.
Sein Mund: noch grinst Verrat an seinem Rande.

Dies Auge: kaum verdeckt es seine Gier.
Die Hände immer tastend nach der Schande
und Leib und Bein so träg, so stumpf, so Tier.

Schau, welke Blumen reiß ich mir vom Scheitel!
In wildes Schreien trotzt jetzt meine Scham.
Ach, wo ich gut mich nannte, war ich eitel,
und Falschheit gab ich, wo Vertrauen nahm.
In wüstem Heute meine Tänze stöhnen.
Jetzt büße, daß Du mich so klein erschufst.
Gestrüpp von Fluch und Kniefall, Betteln und Verhöhnen.
Zertritt mich doch — ich trag's nicht, daß Du rufst.

Und doch ist Lauschen noch in meiner Seele.
Barmherziger! Jetzt stürzst Du groß zu Tal.
O bist Du süßeste Frucht aus allem Fehle?
Ringt sich zu Dir nur alle Sündenqual?
Brauch ich mein Lästern reiner Dich zu quellen,
ras' ich durch Buße tief in Deinen Schoß?
Soll ich an jedem lauten Tag zerschellen?
Nur Abtakt Deines Reigens ewig groß!

III.

Darf ich noch flehn, so fleh ich Not und Fehle.
Noch scheiden tausend Freuden mich von Dir.
Verrat nur lauert, wo ich tastend wähle.
So sei im Leiden Du mein einzig Hier!
Ein Mädchen ging so arm an mir vorüber,
hinkenden Fußes, schwarz, im Trauerkleid.
Was barg ihr noch die Erde: Gram und Fieber,
doch fühlt ich tief: Dir war sie ganz bereit.

Ich aber hänge noch an vielen Lichtern.
Der Scholle Segen hält mich und ihr Fluch.
Mir gaukelt Welt in lockenden Gesichtern
und blätternd haft' ich noch an ihrem Buch.
Noch zieht mich Hoffnung in die blauen Gründe,
Erinnern läßt tiefatmend mich erblühn.
O blaue Meerfahrt! Liebe, der ich münde!
Und Sonne, Sonne will in mir verglühn.

Du aber stehst beiseit' und läßt mich währen,

bist nur ein leises Rufen in der Nacht.
O, hilf mir, Vater, daß ich zu Dir kehre,
nimm von mir meiner Tage eitle Tracht!
Gürt mich in Leid, verhülle mich in Reue,
streif die Gewänder Erdlust von mir ab.
Schon spülen Träume mich in Deine Bläue,
nackt sinke ich in Deinen Schoß hinab!

IV.

Einst riß ein Rufen aus getürmten Zeiten
mich wild hinaus Heißdürstenden zum Trank:
Dich schreit Gebild. Propheten um Dich leiden.
Wie sank ich nieder, bis ich ganz versank.
Schwer lastete auf mir Dein groß' Begehren.
Und Not ums All fiel steil mich zu verzehren.

Und wieder auf ins Brausen der Geschicke
warf ich mich brünstig. Zeiten schlugen wild.
O Schicksals Babelturm auf mir: ersticke
im Sturz der Massen, der dich nimmer stillt,
und röchle armen Tanz, so heut wie gestern:
Ihr Stückchen Gottes kosend alle Menschen gehn.
Zerbrich's an Deiner Gier: Verzweiflung wird dich lästern.
Wild lachend Sonnen ihre Kurven wehn.

Ich stürmte weltenauf und weltennieder.
O Tage, von Tumulten übervielen greis!
Bis mir ein Trösten stieg aus dem Verwirrten:
Mein eignes Rufen hallt die Fremde wider.

Ich Mund allallen Jauchzens und Geschreis.
So kehr' ich heim, zurück zu mir Verirrtem.
Laß mich denn, Vater, ganz in Dir verstummen!
Sei meines Auf und Nieders letzte Ruh.
Und schüttelt Drang von der Geschicke Summen:
Doch aller tiefste Melodie bist Du!
Will nur mehr schürfen tief in mir ein Lauschen.
Schon klingt Dein Regen, wie Du Dich mir neigst.
Aufraucht mein letztes Opfer, bis Du rauschend,
mein Gott, Deinem Getrümmer Mensch entsteigst.

Nacht

Erhabene, glühst du mir wieder,
Dunkelumfangende du!
Schwankend auf deinen Säulen
und doch voller Ruhe!
O, du überschüttest mich nicht und wirst mich nicht stürzen.
Weit hast du dich gespannt und du versagst dich nicht
meinem Aufruhr!
Hintaumeln darf er unter deinen Gewölben
und sich vergeuden.
Ah, kein aufdrohendes Notgebild
zückt ihm die Zeit.
Sterne schüttest du, unzählige Geschwister
den Bränden meiner Brust,
und wo du die Säume faltest deines Mantels,
da wartet mein Träumen.

O, daß du wartest, Geduldige,
o nimmer mich zwingst
auszubrechen in die berstenden Schollen,
in saugende Klüfte
vor solchem Gefühl!
Ruhe spülst du in meine Adern und kosendes Dunkel
hast du zu einer mildladenden Pforte gestellt,
— o nächtiges Tor! —
ohn' Ende zu schreiten, zu atmen
und hinzubreiten wie Wellengeriesel die dunkelgeballte Inbrunst
den sonnigen Spielen meines
ewigen Tags!

Frühling
Eine Trilogie
I.
Elegie

Brach uns der Flieder schon auf? O, schütteten heimliche Nächte
Duften in unseren Traum, daß er das Herz uns betört?
Sehet, wie andere Himmel schaukeln die volleren Bäume
auf ihren Blätterstolz schon selig das Strahlengewölb.
Blühen umsäumt uns lauschige Wege, und junggrüne Matten
kosen im spielenden Licht, kosen dem werbenden Wind.
Tänze aus brauendem Wohllaut heben sich lind uns zu schmeicheln.
Mädchen, dein flatterndes Haar lockt uns zur schwellenden Brust.
Weitet sich all unser Fühlen so plötzlich in lindere Räume,
hält uns ein goldenes Netz Vogelsangs heimlich umspannt?
Herz, was erschrickst du? Ermattest von so viel offener Freude?
Schauerst so einsam zurück? Nimmt dich der Jubel nicht auf?
Ach, über Nacht brach der Frühling in deine umschmerzten Gehege,
pocht nun wie feuriger Wein; wehe, du kennst ihn nicht mehr!
Hobest ihn nicht aus dem Ahnen mit spähenden tastenden Augen,
reiftest nicht gläubig hinein in seine schwellende Lust.
Mußtest in Sehnsucht und Qual die stürzenden Tage verjagen,
durftest nicht lauschen, wie lind neuer Gesang sich erschuf.
Schauer sind dir und Jubel die hetzenden Treiber der Tage,
fremd aus versäumtem Bereich fächelt der tröstende Hauch.
Triebe nicht und nicht die Knospen sahst du im lockenden Morgen
atmen und schwellen und blühn, eh sie die Sonne verriet,
daß sie in Jubel aufschäumten, als hätte sich lichtes Gewölke
mild auf dem zarten Gezweig kosend und bergend versäumt.
Sahst nicht die jubelnden Bäume hinstürmen in weitoffne Himmel!
Schriest nicht in blühenden Sturm! Wehe, es ist nicht dein Lenz!
Stehst nun, ein Fremdling, im lieblichen Segen frohlockender Gärten.
Stiegst wohl vom Berge herab, nimmer erkennt dich das Tal,
nimmer umspielt dich Willkommen der selbstgepflanzten Gebüsche,
mütterlich Raten und Tun hegt nicht den heimlichen Ort.
Blickst nun so einsam, verstoßen, auf dankbare Freude der Andern,
in ihr auflachendes Spiel lockt dich kein freundlicher Ruf.
Gehst in den Abend und schauerst vor Kühle, nun Flöten aufschluchzen
nun sich ein Mädchenlied süß noch in den Amselsang flicht.
Ah, und da kommt es dir, Armer: die Tränen hast du vergessen,
linderndes Schluchzen der Nacht, das dich den Tagen versöhnt.
Drin sich das hastende Leben rückfindet und ausruht für Künfte,
dämmernde Teiche, darin Rosen trinken den Mond.

Hast nicht die Süße des Trauerns vergönnt deiner wartenden Sehnsucht!
Unausgeweintes Leid, mußt es nun tragen so schwer.

II.
Bacchanale

Taumelt der alte Gott über meine Erde?
Locken schneeige Brüste aus Sonnenglut,
daß ich sie küsse,
daß ich ersticke in ihrer hüllenden Lust?
O mein Frühling du im rauschenden Zenith!
Wie brandest du rasend über uns Kleinen
und ohn Erbarmen!

Sehnend standest du auf, bis du schwanktest
in deinem Blütenrausch,
und wieder verschütten wirst du dich,
niederstürzen vom Berg deiner Trunkenheit.
Dein Vergehen noch überjubelst du
glühenden Tanzes!

O Seliger über uns allen! Hier meinen Sang
deinem höchsten Tag!
Deinem Triumphe, du Göttlicher,
beuge ich mich tief.
Klirrend dir entgegen zückt
aller Welten Blut.
Zeugung ohn' Ende und Wollust, die sie geboren,
spritzt heiß aus deinem Wahn,
aus Blütenkelchen, Dolden, Träumen, Rausch!

Magnolien verschäumen sich, und des Rhododendrons Süße
lohte deinen Küssen, erbarmungsloser Sieger, schon hin.
Sternig perlt Goldregen nieder zur Erde,
— Umarmung der Danae! —
und dunkle Rosen ertrinken in zuckenden Orchideen
wie Tropfen Blutes.
Meere schütten sich dir aus
und über sterbenden Flieder noch stöhnt der Jasmin seine Lust.

Farben und Düfte taumeln ineinander
zu deinem tödlichen Trunke,
o reiche ihn uns!

Wir jubeln des Gifts, das in unsern Adern frohlockt,
und der treibenden Sünde.
Zerstör' uns, vernichte uns, panischer Zauber des Blutes!
Komm an, du Allbefreier! o, endlich nimm uns auf!
Deine Grausamkeit, laß sie uns küssen,
du spielende Natur!
O Bestie, wir beten dich an,
noch unterm Dolche, den du uns lachend zückst.
Erwürge uns, Rasende, immer noch
ist unser der Triumph!

Ihr berstenden Sphären, brecht los eure drohenden Gewitter!
Versengt uns! O tötet uns! Nirvana glüht!
Schon packen die Stürme in meine rauschenden Buchen,
beugen sie tief,
schon ächzen die knorrig verwurzelten Stämme
unterm düstern Firmament.
Entladung umgärt uns!
Donner brechen vor aus Himmelshöhlen,
zerschmettern die Wölbung —
o wie stehen wir hohl!
In stäubende Blütenwolken hüllen wir uns tief
und bergen uns,
bis kühlende Tropfen uns netzen —
O, Regensang lindet! —
und unser Aufruhr ergibt sich in jubelndes Schluchzen:
O du, unsre Erde!

III.
Ode

Wo ist ein Leid, so tief, daß es mich hülle!
Wo quillt ein Schicksal, das mich unterjocht!
Uns zwingt ein Drang aus übermächtiger Fülle
auf Höhen, wo der Gott im Rausche pocht.
Die Himmel öffnend, stürzt er uns entgegen.
Trieb Jubel oder Not uns auf den Grat?
Wir fragen nicht. Wir schlürfen seinen Segen
und warten demutvoll auf unsre Tat.

Denn irgendwo ist sie dem Mann beschieden;
gespiegelt schon aus Höhlen seiner Not,
formloser Traum befreiter Karyatiden,

weitoffen dem unendlichen Gebot!
O magisch Wirken, das sie heimlich bindet,
die Schwestern Eigennot und Tatenglück:
Not lischt, die sich in Taten sicher gründet,
und Tat schmilzt mündend in die Not zurück.

Wir kennen nicht des Leidens bange Süße,
des Trauerns Säumnis ist uns nicht vergönnt.
Und wo wir Lust mit stolz Entsagen büßen,
wir dulden keinen Zug, der es euch nennt.
Und schreiten herben Augs die steilen Pfade.
Gewölke Lächelns blühn zu Seiten auf.
Schon winkt in Fernen Opfers reinste Gnade
zu bändigen des Chaos rasenden Lauf.
Wir tragen dieses Erdenseins Empörung.
Donnernd stürzt Weltennot in eigne Qual.
Zerstampfe sie und lache der Zerstörung:
Auf reißt uns Wollen immer höh'rer Wahl.
Wie sich Gewalten in uns stemmen, bauschen!
Wir Trunkene des grenzenlosen Falls,
ballten wir Wehr aus dem Vernichtungsrausche?
Ah! Retter sind wir des bedrohten Alls!

Orphischer Psalm

Treibender Du,
den alles Wesen verkündet,
Geburt und alle Gebärde jubelt
und noch jauchzt das Vergehn,
zu groß sind, ach! Deine Welten
meinem Umklammern,
zu groß noch — daß ich Hingerissener wagte
mich ganz Dir zu nahn: —
meinem rasenden Zerstören.

Siehe, Deiner Tage sind viel
und bunt sind ihre Gewänder und flattern im Sturm. —
und lockt doch in ihrem verschlungenen Reigen
verborgen ein Spiel!
Laß es mich künden, Erhabener!
Tiefer sind Deine Nächte und ihre Weihn
schlingen wie Brücken von Tag zu Tage sich hin, —
doch ihren letzten Gesang
Du läßt ihn mich schweigen.
Dumpf aus den Gründen verhöhnen mich
Fetzen Antworts.

Träume ewigen Beginnens wüten
um endliche Gestalt.
Traumstümpfe züngeln hinauf in den dunkeln Raum,
aber in meinen gierigen Händen
zerbrechen alle Bilder,
zerbrechen an Deinem Allsein,
das uns verschmäht.

Berstend von Deinem Rufen entfloh ich,
— mühselige Gedankenflucht! —
Immer doch warst Du über mir
und ich erkannte Dich nicht.
Entfernt Dich nur immer weiter mein dunkles Sehnen?
Wie härmt ich mich, Vater!
Bis mich dein Sinn in tiefes Träumen rief.
O lockend süßer Grund! Weg über Moore!
Wie sank ich gern ins ewige Zurück.
Und goldne Kreise schwingend mit mir sanken.
Tiefblaue Räume perlten klares Taun,

Goldkreise zogen milddurchstrahlten Reigen,
Glanzschächte brachen auf, in ihrem Blaun
flammende Pfeile sah ich sinken, steigen.

Wie brach ich wunschlos ganz in mir zusammen!
War frohe Beute grenzenlosem Spiel.
O Bad in violetten Wolkenflammen,
hier ist mein Wesen klar geschautes Ziel.
Hier quillt kein Fragen: Deutung alles Werden;
im Gleichklang strömen volle Welten hin,
und ewig wechselnd tauschen sich Gebärden;
doch über allem: Lächeln ist ihr Sinn.
So schweb ich in der Gunst der Harmonien,
aus tief verborgenem Grund ein Singen quillt,
schon rhythmen sich die Spiele, Kreise sprühen:
Aus dem Gewoge taucht der Leier Bild,
wächst höher, strebt hinauf in mein Erwachen,
Spätabend tönt ihr süßen Willkomm dar.
Jetzt gib mir eine liebe Welt zum Spiele.
Der mich im Traum erhört, Du sei mein Tag,
daß ich die Leier, Deiner Träume Gabe,
den Welten, Deinem Spiegel schlagen mag.
Du laß mich lieben, bis ich wunderbar
in meinem Rausch das All umschlungen habe.

Was schmerzt dich, Bruder Mensch? O, traue, sage!
Haßt du mich noch, da ich dir singend nah?
Gib her dein Leid, ich will es mit dir tragen
und will dir künden, was ich träumend sah.
Ihr lieben Tiere, daß ihr noch müßt toben!
Noch habt ihr solches Singen nicht gehört.
In Dumpfheit Arme, kommt, auch ihr dürft loben,
wenn euch der wilde Schreck nicht mehr umstört.
Ihr Blumen, duldende! Ihr kühlen Steine!
Hier ist ein Trank, der alle hüpfen macht.
Ihr Hügel, lernt nun endlich euer Weinen,
in goldnen Spielen sei es euch gebracht.
Ihr Welten, stürzt zusammen solcher Einung!
Ein Stern in eure armen Seelen fällt.
Frohlocken heißt die göttliche Beweinung!
Erlösung blutet immer durch die Welt.
Was durft ich schauen! O, was durft ich singen!
Geh ich nicht, Rasender, am Rand des Nichts?

Lauert nicht Schwäche hinter meinem Schreiten,
stößt mich ein böser Blick hinab, hinab!
Ach, werden nicht die Dinge sich empören?
Wütende Dinge, die ich in Liebe gebannt!
Wird nicht ein Zauber ausbrechen,
dem ich das Siegel entwand?
Ach, einmal werden mich alle Bilder hassen,
zurück mich schleudern aus ihrem sichern Verband!
Nichts wird mehr mein sein,
nichts auf der grünen Erde!
Verstoßen wird sein, wer das All zu früh erkannt.
Dämonen werden sich auf mich stürzen.
Bestien geknechteten Leids.
Rache der Zeichen!
Schlotternd werde ich hingehn
und nicht mehr wissen mein Lied.
Träume hetzen mich,
Fieber züngeln um meinen brennenden Leib.
Mänaden! Mänaden über mir!
O, blaues Meer wird mich nicht retten,
wird dampfen von meinem Blut!
Schreien werde ich, schreien
und Dich nicht mehr kennen, mein Vater!

Dann bleib mir nah!
O walte Du in meinem irren Traum!
Du schwebe mild in meinem irren Lächeln,
Du sei die Glut, die noch im Fieber loht!
Mit Deiner milden Hand nimm auf mein Rasen
und friede es gütig
zu einem Beten in Deinem
mildlösenden Busen.

Gotischer Psalm

Gebirge stemmtest du auf,
fühlloser Stein!
Und trotzige Felsen in lichtdurchwühlte Himmel,
daß Stürme an dir zerbrachen,
die heulenden wilden,
und furchtbar dich umschatteten
die bleichen Hände der großen ewigen Nacht.
Bis endlich in neue Sonnen sich entfaltete
dein morscher Trotz,
bis unter Menschenhand ausbrachen
in Blüten und wiegende Rosen
deine Gemäuer,
und ragende wildgeschleuderte Arme dich boten,
die wehenden Türme der Kathedralen
dich boten dem Gott!
Lächelnder Geist sank in die offenen Kelche,
loderndes Blütenfeld!
O ihr Türme über den fliehenden Landen,
ihr Arme der Menschheit!
Ragendes Menschenblut plötzlich all dies Getürme!
Göttliche Winde harfen darinnen ihr Lied.

In Spiele lindet schon der Symbole schaurig Tanzen;
Mein nothaft Stöhnen rhythmet sich zum Sang.
Deutung des Tags erlischt — Urdeutung jubelt;
Aus seinen Trümmern steigt der ewige Tag,
nagt sich empor an selbsterdachten Welten,
aus Untergängen hehr verjüngter Geist.
Was gilt Getanes noch, wo Tun doch alles!
In schwingenden Kreisen stirbt der alte Tod.

O Tore Lebens, denen wir genesen!
So schleudert Sterben uns in reinern Drang!
Wo ist noch Finsternis? Wo lauern Schrecken?
Hier ist der Tag, den Gott in Händen hält.
Stürzt neubeseligt uns in solch Vergeuden:
O, nehmt mich hin! o, nehmt doch — ich halte mich nicht!
Brech hin, Geripp, wie ich mich taumelnd verschütte,
rotleuchtendes Meer von Wollen und Gewähr!

Schon rennen Tiere neu uns zu vertrauen,

geheime Sphäre wölkt um unsern Sinn.
O Bruder Mensch! Kristall, den ich durchleuchte!
Dumpf schauert zwischen Mensch und Mensch der Gott!
Brech durch zum andern! Zwing die letzten Tode:
durchgottet ist der weite Sinn des Alls!
Und wie du dich bewegst, du wirst ihn raffen.
Erlös ihn, daß er wachsend dich erlös.
Stürz auf in deine offenen Geschicke!
O erster Schrei aus dumpfer Lagernacht
in rote Frühn, o ewiges Entscheiden
in blitzenden Momenten! Werdetanz!

So münd ich hin, aus dem ich einst gebrochen,
ins wild entbundne All. Stern rast um Stern.
Zuckt Ewigkeitsbeginnen solcher Einung?
O Kreatur! zurück in zeitlos Sein!
Aus gierer Lust, die dich dem Gott entrissen,
kehrst du nun heim zu deiner höchsten Lust.
Durch bunte Welten hast du dich gelitten,
bis Sühne dich entband zum Jubel: „Gott!
Ich deine Welt! Pokal und trunkner Zecher!
Und Sonnen reifen mich zum süßen Trank!"

Schon stäubt wie Sand, was mir Dein Bild verschleiert.
Aufbricht der Sinn. In Schächte blaugehöhlt
stürzt schmetternd in sein Flammen alles Wesen
und Ruhen lächelnd birgst Ruhlosen Du!

Du lichter Schatten sinnenlos umwunden.
Lebendiger außer allem Leben! Geist im Leib!
Wie weil ich lind in Deinem Lächeln, Vater!
Hier flicht sich ewiger Kranz. — Leib faßt Dich nicht.
Zurück ins Branden muß ich Dich zu halten,
zurück in bunter Sinne Wechselspiel.

Wie rag ich noch? In Dir doch so entworden.
Welt spült und leckt an meinem neuen Strand.
Du gib mir strenge Form den Wunsch zu straffen,
züchte die Sinne, walte Du als Maß!
Musik in hartem Takt, doch schwingend Triumphe!
So Dich zu baun aus Leben, dulde Du!

O Bild, du Schrei der tiefverborgenen Sinne!

O Sturz ins Wort, du Reife ins Gebet!
In mir erst wirst Du, steigender Gott! mein Wollen
schürft Dich aus dumpfer Ruh in meinen Sturm —
Und formt in mir die stammelnden Gesichte,
an denen ich mich höher ranken mag.
Und Sünde lauert, wo mein Drang ermüdet
Dir, Rufender, zu folgen Tor um Tor!
Du lockst zu immer neuen Wanderfahrten,
Du Insel überm dunkelblauen Meer.
Und irr ich weit — ich habe Dich umworben,
in meine Not taut Trost aus Deiner Ruh.
Du Schwingender zwischen den engen Sphären
Du treibst aus mir, Du guter Drang, zu Dir!
Und überwölbst uns groß zu keimenden Domen
und Türme schießen aus gestauter Brunst.
Gestein blüht auf, wo sie Dein klargetürmtes Echo rühren,
wiegende Rose singt in Deinem Sturm:
singt allen Lebens ewig sich neuende Schöpfung
im brüderlichen Tausch des werdenden Gotts.

9 789356 781054

Printed at Repro India Ltd.